Ist das vielleicht nicht Glück?

Marion Küstenmacher

Ist das vielleicht nicht Glück?

111 x einfach glücklich sein

benno

Liebe Leserin, lieber Leser,

Die Dichterin Pearl S. Buck notierte einmal den feinen Gedanken, dass viele Menschen das kleine Glück versäumen, weil sie auf das große vergeblich warten. Wenn Sie sich auf die Blickrichtung dieses Buches einlassen, kann Ihnen das zum Glück nicht mehr passieren. Im Gegenteil! Sie werden sehen, dass Sie ein besonderes Talent entwickeln, überall und gerade im Kleinen das Glück zu entdecken. Denn es liegt tatsächlich direkt vor unseren Augen und ist auch noch überreichlich im ganz normalen Leben vorhanden. Dieses Glück gelangt freilich selten in die Schlagzeilen. Dafür aber direkt in Ihr Herz, sobald Sie sich für die unzähligen kleinen Glücksmomente öffnen, die ganz sicher auch in Ihr Leben „eingesprenkelt" sind.

Trauen Sie den aufmerksamen Augen Ihres Herzens und blicken Sie sich um! Welche Einladung spricht das Glück für Sie gerade jetzt aus? Damit schenken Sie sich und anderen die Freude, nicht nur besonders viel Glück um Sie herum zu entdecken, sondern sich auch einfach glücklicher zu fühlen – mitten in Ihrem Alltag.
Einen originellen Weg dazu wählte der chinesische Dichter Chin Shengt´an. Vor über 300 Jahren saß er wegen sintflutartigem Regen gemeinsam mit einem Freund zehn Tage lang in einem Tempel fest. Statt zu jammern, nutzte er die Zeit, um sich an die glücklichen Augenblicke in seinem Leben zu erinnern. Unter den dreiunddreißig, die er aufschrieb, finden sich ganz einfache Momente ebenso wie ungewöhnliche, und alle enden mit dem Satz „Ist das vielleicht nicht Glück?“

Von Meister Chin inspiriert, habe ich ähnliche Glücksmomente meiner Umgebung abgelauscht. Manche habe ich selbst erlebt, andere beobachtet oder von glücksbegabten Menschen erzählt bekommen. Weil es dabei um das Wahrnehmen kleiner Augenblicke geht, sind die hundertundelf Geschichten in diesem Buch auch alle verdichtet und eher kurz. Für etwas so Dichtes wie das Glück braucht es nicht viele Worte, nur genug liebevollen Raum im eigenen Herzen. Wenn Sie den bei der Lektüre in sich spüren und Ihnen eigene glückliche Momente einfallen – ist das vielleicht nicht Glück?

Herzlichst,
Ihre Marion Küstenmacher

Es ist Ende März. Im Vorratsschrank habe ich noch ein paar Walnüsse gefunden, die in der Weihnachtszeit nicht aufgegessen wurden. Ich lege sie in den Garten hinaus an den Platz, wo im Winter immer die Eichhörnchen nach Futter suchen. Keine zwei Stunden später ist ein Eichhörnchen da und holt sich die Nüsse. **Ist das vielleicht nicht Glück?**

Unser Nachbar hatte letzten Sommer prachtvollen Mohn im Garten. Eine rosafarbene Rarität mit silbrig-gewellten Blättern, die ich nur über den Gartenzaun hinweg bewundern konnte. Aber heuer wuchs der Mohn plötzlich auch auf meiner Seite. Der Wind hat die Samen einfach zu mir herüber geweht.

Ist das vielleicht nicht Glück?

Mein Vater kommt heim, lächelt wie seit acht Monaten nicht mehr und sagt: „Ich hab den Job“.

Ist das vielleicht nicht Glück?

Nachts auf der Intensivstation in der Kinderklinik. Ich liege weder wach noch schlafend neben dem Bett meiner Tochter auf einem improvisierten Elternbett und fahre hoch, als die Nachtschwester zur Kontrolle hereinkommt. Sie lächelt mich an und sagt: „Es geht ihr besser. Versuchen Sie, noch ein bisschen zu schlafen.“ **Ist das vielleicht nicht Glück?**

Noch sieben alte Mickey-Mouse-Hefte aus dem Jahr 1958 besitzen, für die man damals sein ganzes Taschengeld geopfert hat.

Ist das vielleicht nicht Glück?

Die erste Nacht seit langem wieder durchgeschlafen haben und ausgeruht und froh aufwachen. **Ist das vielleicht nicht Glück?**

Dass ich während eines Gewitters geboren bin und ich mich deshalb bei Blitz und Donner nicht fürchte, sondern ganz seltsam wohl und geborgen fühle – **ist das vielleicht nicht Glück?**

Allein an einem Julinachmittag am Ufer eines Flüsschens sitzen, genau an der Stelle, wo der leichte Wind das Wasser am lustigsten kräuselt, das Licht golden durch die Eschenblätter tropft und die hellgrünen Wasserpflanzen einen Schlängeltanz über den Bachkieseln aufführen. Wo alles schwerelos ist und mühelos. Wo man wie Wasser, Wind und Bäume einfach da ist.

Ist das vielleicht nicht Glück?

Ich gewinne 16 Euro 37 im Lotto. Das reicht locker, um jedem Kind in unserer kleinen Straße eine Tüte Gummibärchen zu spendieren und mich wie ein König zu fühlen. **Ist das vielleicht nicht Glück?**

Wenn man an einem sterbenslangweiligen Sonntagnachmittag nach einem gerade abziehenden Regenschauer vor die Haustür geht, um sich ein bisschen die Beine zu vertreten, und plötzlich die Sonne durchbricht und sich über einem ein doppelter Regenbogen auftürmt, **ist das vielleicht nicht Glück?**

Es gießt wie verrückt, als die Schule aus ist. Bis nach Hause sind es fast dreißig Minuten zu Fuß. Da steht Papa mit seinem schwarzen Riesenregenschirm am Schultor. Er ist extra hergefahren, hat auf mich gewartet und fährt mich heim. **Ist das vielleicht nicht Glück?**

Dass man mitten in der Nacht aufwacht und seinen leisen Atem neben sich hört und weiß, morgen früh ist er noch da – **ist das vielleicht nicht Glück?**

Spüren, wie weich das Maul eines Pferdes ist, wenn es einem behutsam etwas Gras aus der Hand frisst. **Ist das vielleicht nicht Glück?**

Wenn man vierzehn ist und mit der Clique Kicker spielt, und der Junge, in den man heimlich verknallt ist, steht so nah neben einem, dass man sich ständig irgendwie berührt, **ist das vielleicht nicht Glück?**

Keine dreißig Schritte vor dem Fenster meines Arbeitszimmers steht eine Hängeweide. Sie ist alt und gebeugt. Sie hat weniger Jahre vor sich als hinter sich. Sie weiß es. Der Wind, der sanft in ihren langen Zweigen spielt, weiß es auch. Sie sind Freunde, und das silberblättrige Rauschen ist ihr gemeinsames Lied. **Ist das vielleicht nicht Glück?**

Ich sitze mit zwei Freundinnen in einem hübschen Hotel beim Frühstück. Es ist ein Sonntag Ende Mai, die Fenster stehen weit offen und die Sonne wirft verheißungsvolle Lichtbündel auf den Tisch. Wir sprechen über Assisi, das Ziel unserer Reise, und über Franziskus, der die Tiere so liebte, dass er sogar den Vögeln predigte. Da fliegt ein kleiner Spatz zum Fenster herein, landet auf unserem Tisch und spaziert zutraulich zwischen Früh-

stückstellern, Kaffeekännchen und Brotkorb hin und her. Wir wagen erst gar nicht, uns zu rühren, aber dann löst sich die Spannung und wir fangen an, leise mit dem kleinen Vogel zu reden und ihn mit Brotkrümeln zu füttern. Fast eine Stunde geht das so. Es liegt ein Zauber über uns allen, Mensch wie Tier, ein Bann, aufgerichtet von einer unendlich starken, friedlichen Macht. So viel Nähe und so viel Freiheit. **Ist das vielleicht nicht Glück?**

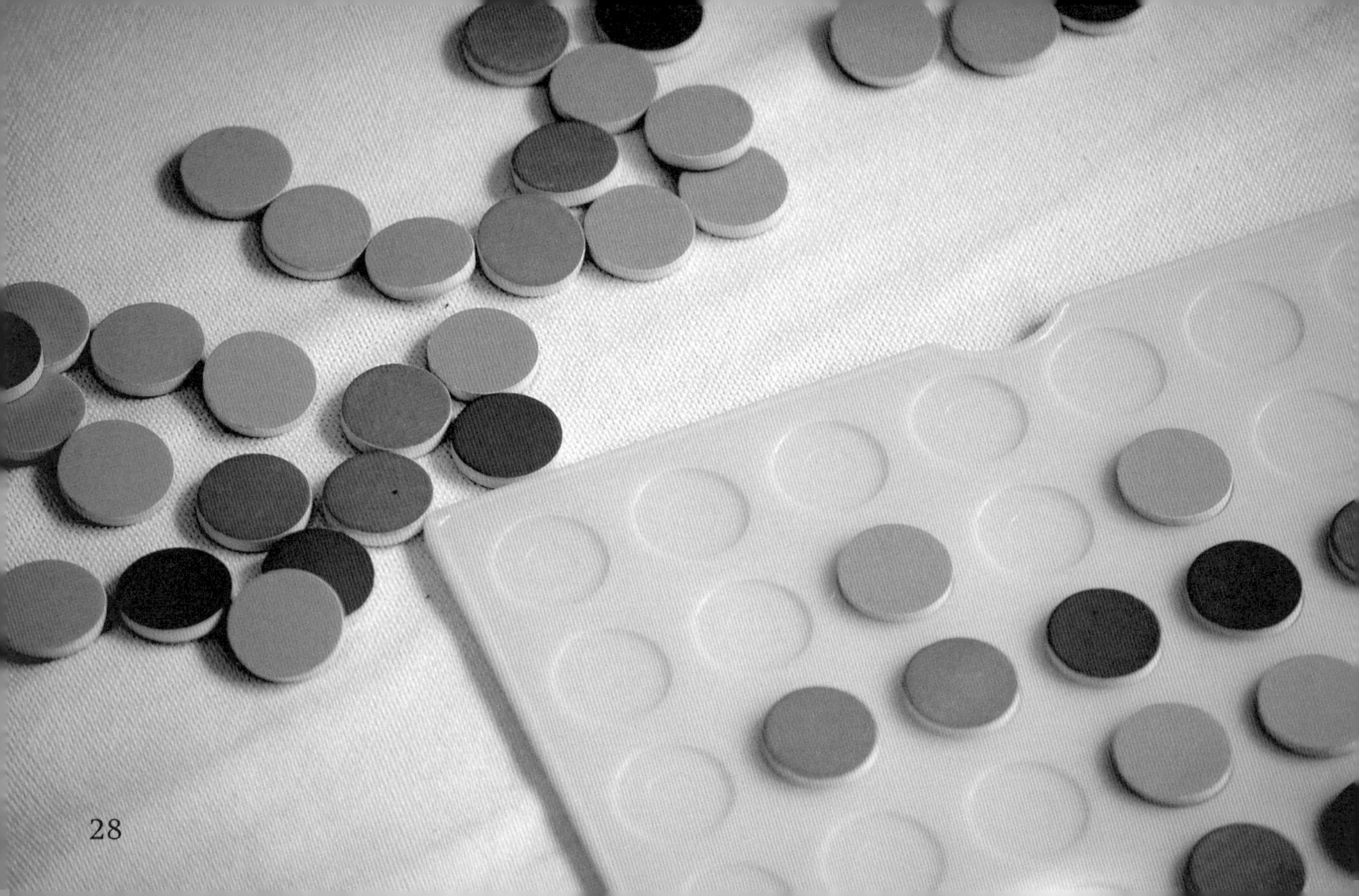

Wenn man im Internet Reversi spielt, und dreimal hintereinander gegen einen Franzosen, einen Chinesen und einen Griechen gewinnt, bevor man von einem Dänen besiegt wird – **ist das vielleicht nicht Glück?**

Gute Wanderschuhe haben, die überhaupt nicht drücken.

Ist das vielleicht nicht Glück?

Mein Auto ist noch mal durch den TÜV gekommen.

Ist das vielleicht nicht Glück?

Weil den hungrigen Meisen im Winter allerhand Kerne aus dem Futterhäuschen gefallen sind, die auch die dicken Amseln am Boden nicht aufgepickt haben, wachsen jetzt neun prächtige Sonnenblumen an meiner Terrasse.

Ist das vielleicht nicht Glück?

Ein neues Kopfkissen mit feinen Daunen, in das man versinken kann wie in einen schönen Traum. **Ist das vielleicht nicht Glück?**

Wir bauen stundenlang mit den Kindern eine riesige Sandburg am Meer. Wir buddeln und graben, bis eine richtige Burganlage mit Türmen und Tunneln da steht, unser Meisterwerk, mit Muscheln verziert. Wir machen Fotos von uns, wie wir in der Burg sitzen und alle winken. Wir sind ganz stolz. Unsere feine Burg und der blaue Himmel darüber. Es ist wunderschön. Später graben wir einen langen schmalen Gang zum Meer. Das Wasser flutet in die Burg und holt sich langsam alles wieder. Die Türme versinken, die Wälle werden weggespült, die Muscheln treiben zurück ins Meer. Am Ende sieht alles wieder so aus wie zuvor. Nur das Wasser ist da und der Sand. Und der blaue Himmel darüber. Es ist wunderschön.

Ist das vielleicht nicht Glück?

Ich sitze mit einer Freundin im Zug durch Ägypten. Wir haben ein Schlafwagenabteil für uns, aber es rumpelt so stark, dass wir nicht schlafen können. Wir fangen an, uns Witze zu erzählen und Gags aus alten Monty-Python-Filmen und müssen so viel lachen, dass die anderen Reiseteilnehmer aus den beiden Nachbarabteilen kommen, weil es ihnen zu laut ist. Aber dann gefällt es ihnen so, dass sie Wein für alle holen, sich dazu quetschen und selber so lange Witze erzählen, bis die Sonne aufgeht. **Ist das vielleicht nicht Glück?**

Nachts noch zum Briefkasten laufen, obwohl es kalt und regnerisch ist und um diese Zeit nicht einmal mehr die Hundebesitzer auf der Straße zu sehen sind. Sich vergnügt ein Liedchen pfeifen und dabei lässig ein großes Kuvert in der Hand schlenkern. Den Umschlag mit Schwung in den Kasten werfen, heim schlendern und entspannt einschlafen, weil sie endlich fertig ist, die blöde Steuererklärung. **Ist das vielleicht nicht Glück?**

Ein altmodisches Telegramm zum Geburtstag von den zwei allerbesten Schulfreundinnen, weil man erst zum Semesterschluss nach Hause kommen kann – **ist das vielleicht nicht Glück?**

Wir machen Urlaub und fahren mit dem Auto aufs Geratewohl übers Land. In einem Dorf entdecken wir ein Schild „Bücherscheune“, fahren hin und staunen. In einer historischen alten Scheune lagern auf 3 Ebenen Tausende von antiquarischen Büchern auf Tischen und in Kisten. Wir wühlen und schmökern stundenlang. Es ist gemütlich warm, das Sonnenlicht fällt herein, die Staubkörner tanzen im Licht und die Welt versinkt um uns herum … **Ist das vielleicht nicht Glück?**

Eine Sternschnuppe fallen sehen und gleich einen richtig guten Wunsch im Sinn haben, nicht zu groß und nicht zu klein, der sich wirklich erfüllen könnte, wenn man nur fest daran glaubt. **Ist das vielleicht nicht Glück?**

Dass man eine Blume so sehr lieben kann
wie Vincent van Gogh die Sonnenblume –
ist das vielleicht nicht Glück?

Einen Kalbsknochen bekommen, damit schwanzwedelnd eine Ehrenrunde laufen, sich dann in den Schatten des Hartriegelstrauches werfen und genüsslich darauf herumkauen. **Ist das vielleicht nicht Glück?**

Ich bin mit drei Freunden zusammen auf dem Markt, und wir kaufen uns zwei große Tüten Herzkirschen, die wir gleich verspeisen. Wir lachen und spucken die Kerne von der Brücke aus ins Wasser. Ich suche mir eine Kirsche mit extra langem Stil und zeige ihnen, dass ich den Stil im Mund verknoten kann. Da klatschen sie mir Beifall und machen so viel Lärm um mich und dieses komische kleine Kunststück, dass einige Passanten den Kopf schütteln. **Ist das vielleicht nicht Glück?**

Ein guter Zahnarzt. **Ist das vielleicht nicht Glück?**

Im Rasen einen kleinen Pilz zwischen den Grashalmen entdecken und drei Wochen lang beim Mähen so um ihn herum fahren, dass er ungestört wachsen kann, der kleine Kerl mit der hellen Mütze. **Ist das vielleicht nicht Glück?**

Sich vorstellen, dass man ein Findelkind ist und in Wirklichkeit eine richtige Prinzessin. Den ganzen Tag vornehm tun und alles blöd finden, was die zu Hause so zu einem sagen, weil sie ja keine Ahnung haben, wer man eigentlich ist. Bis man am Abend im Bett liegt und nach dem Gutenachtkuss, wenn das Licht aus ist, plötzlich doch weiß, dass man genau hierher gehört, besonders wenn man eine Mama hat, die einem auch noch die paar Minütchen bis zum Einschlafen das Händchen hält.

Ist das vielleicht nicht Glück?

Schon vormittags auf einer italienischen Piazza sitzen, Latte macchiato trinken und zuschauen, wie das Leben an einem vorbeiströmt. Ganz gelassen dabei werden und tief innen wissen, dass man nichts verpassen kann, so lange man wach ist und gegenwärtig, auch im Nichtstun. **Ist das vielleicht nicht Glück?**

In allen Zimmern die weißen Wände farbig streichen und das Gefühl haben, man wäre in eine neue Wohnung gezogen. **Ist das vielleicht nicht Glück?**

Im Zoo so lange auf einer Bank sitzen, ein Eis essen und in aller Ruhe abwarten können, bis der Pelikan nach einer Ewigkeit den Schnabel aufmacht.

Ist das vielleicht nicht Glück?

Die Verkäuferin im Supermarkt, die einen nach dem Bezahlen mit der EC-Karte mit freundlichem Lächeln und dem eigenen Namen verabschiedet.

Ist das vielleicht nicht Glück?

Über Weihnachten gucke ich mit meiner Schwester, meiner Mutter und meiner Lieblingstante immer die Sissifilme an. Wir machen es uns schön gemütlich, trinken Punsch und essen Plätzchen. Und das Beste daran ist: Keiner lacht, wenn es schön kitschig wird, weil die Männer nicht dabei sein dürfen. **Ist das vielleicht nicht Glück?**

Haus
Die fabelhafte
DVD
ABBITT
Liebe
GOSFOR
ELIZ
DIGITALLY MAST
FÜR EXCELLENTE TON UND

Kinder haben. Ist das vielleicht nicht Glück?

Nachts mit Freunden durch das Labyrinth im Maisfeld laufen.

Irgendwann alleine da stehen, sich komisch klein und verlassen fühlen und vorsichtshalber ziemlich verwegen mit der Taschenlampe fuchteln. Schrecklich froh sein, dass die beiden anderen einen so schnell wiederfinden, gerade als man anfängt, sich tatsächlich wegen dem ständigen Rascheln der hohen Halme rings herum zu gruseln. **Ist das vielleicht nicht Glück?**

Im Wald nach dicken Moospolstern für die Weihnachtskrippe suchen. Ganz durchfroren mit seinen Schätzen heimkommen, heißen Tee trinken, eine Kerze anzünden und bei feiner Adventsmusik die Krippe aufbauen, während es draußen dämmert. **Ist das vielleicht nicht Glück?**

Ich bin in der Stadt unterwegs und bummle an den Schaufenstern entlang. Auf einmal sehe ich auf der anderen Straßenseite einen Herrn, der mir einmal in einer wichtigen Angelegenheit sehr behilflich war. Wir nicken uns zu, und zu meinem Schrecken macht er Anstalten, die Straße zu überqueren, um mich zu begrüßen. Dabei habe ich keine Ahnung mehr, wie er heißt, obwohl ich ihm wirklich sehr zu Dank verpflichtet bin. Mir wird ganz heiß, und ich würde mich am liebsten in Luft auflösen. Da macht es in meinem Kopf plötzlich „klick“ und der Name ist wieder da. Ich eile ihm entgegen und begrüße ihn herzlich und spüre, wie angenehm überrascht er ist, dass ich seinen Namen noch weiß. **Ist das vielleicht nicht Glück?**

Früh um Viertel nach vier aufstehen, warm anziehen und runter bis zum Flüsschen laufen. Die Stelle suchen, wo über dem Wasserspiegel Sandbänke verlaufen, ein abgestorbener Baumstamm ins Wasser hängt und viel Uferbewuchs aus Gras und Schilf ist. Sich im Gestrüpp gut verstecken und das Fernglas bereit halten. Keinen Lärm machen und viel Geduld haben. Die kleinen Höhlenschlupflöcher in den Uferböschungen entdecken. Immer noch warten und viel Geduld haben und keinesfalls Lärm machen. Die Luft anhalten, wenn man ihn endlich sieht, blau funkelnd wie ein Edelstein – den Eisvogel bei der Jagd. **Ist das vielleicht nicht Glück?**

Meine Schwester bringt mir einen Riesenkarton mit Babyklamotten vorbei. Wir trinken Tee und wühlen den ganzen Nachmittag in Kindersachen. „Da krieg ich auch wieder Lust auf so ein Schneckelchen“, sagt sie plötzlich und kriegt so einen weichen Blick... **Ist das vielleicht nicht Glück?**

Ich sitze an einem alten Tisch und fahre langsam mit der Hand über seine abgenutzte Platte. An diesem Tisch haben schon Generationen gesessen. Ich kann in seinen Furchen lesen wie in dem Gesicht eines würdevollen Greises. Da weiß ich plötzlich mit einer wunderbaren Sicherheit, dass es mir nichts ausmachen wird, einmal Falten zu haben.

Ist das vielleicht nicht Glück?

Noch wissen, wie man aus Zeitungspapier kleine Schiffchen faltet. Ein Dutzend davon in die Jackentasche stopfen, mit dem Fahrrad zum Russenbrückchen radeln und die Schiffchen dort ins Wasser setzen. Ganz lange nachgucken, wie sie mit der Strömung wegtreiben und verschwinden.

Ist das vielleicht nicht Glück?

Über 400 Rosenstöcke im Stadtpark, auf die trotz knapper Kassen nicht verzichtet wird. **Ist das vielleicht nicht Glück?**

Meine Haare sind wieder gewachsen, genauso schön wie vor der Chemotherapie. **Ist das vielleicht nicht Glück?**

Sich den Psalm 23 auswendig vorsagen und dabei wieder spüren, welch ein tröstliches Gefühl von ihm ausgeht. **Ist das vielleicht nicht Glück?**

Morgens, wenn die Kinder im Kindergarten sind, sich selber auf die Schaukel setzen und für ein paar Minuten zwischen Heute und der eigenen Kindheit hin- und herfliegen. **Ist das vielleicht nicht Glück?**

Gar nicht anders können als Ja sagen, auch wenn die Stimme ein bisschen rau klingt, jetzt, wo er mich endlich gefragt hat.

Ist das vielleicht nicht Glück?

Noch Hubert, das Glücksschwein, haben, das mir Mama geschenkt hat, als ich durch die Führerscheinprüfung gefallen war und so viel Bammel vor der zweiten hatte. **Ist das vielleicht nicht Glück?**

Im Museum vor einem Bild stehen und nicht mehr weiter gehen können. Nur noch schauen wollen. Darin versinken wie in einem Traum, der für einen Augenblick die ganze Wirklichkeit offenbart. **Ist das vielleicht nicht Glück?**

TEQ
SOUTHERN
COMFORT
TEQUILA

Unser Zwanzigjähriger hat bei uns zu Hause eine Riesenparty mit 70 Leuten, viel Bier und irrer Musik gegeben. Bis auf ein paar zerbrochene Gläser, zwei kaputte Gartenstühle und einen Typ, der nachts um halb drei völlig desorientiert in unser Schlafzimmer tapste, ging nichts schief.

Ist das vielleicht nicht Glück?

Plötzlich `ne Menge Kleingeld im Portemonnaie haben, weil man es endlich geschafft hat, das Rauchen aufzugeben. **Ist das vielleicht nicht Glück?**

Wenn die Putzfrau da war und die Kinder noch nicht aus der Schule zurück sind, gibt es diese kleine halbe Stunde, wo alles so schön aufgeräumt und sauber ist. Wo die Dinge alle wieder an ihrem Platz liegen und ihren Frieden haben. Wenn man diesen Moment einfach auch mal still ist und es schafft, sich an seinen Lieblingsplatz zu setzen, mit der Katze auf dem Schoß – **ist das vielleicht nicht Glück?**

Zwölf Jahre habe ich von einer Reise nach Sansibar geträumt. Jetzt war ich dort. Es war ganz anders, als ich es mir ausgemalt hatte. **Ist das vielleicht nicht Glück?**

Endlich alle Handyschulden weg haben, weil Papa zu Weihnachten großzügig Amnestie gewährt hat, „absolut einmalig und definitiv unwiederholbar, damit wir uns klar verstehen“. So ein Vater, **ist das vielleicht nicht Glück?**

BenQ

Ich bin trotz Höhenangst ins 87. Stockwerk eines Wolkenkratzers gefahren. Der Ausblick war herrlich. Die Angst hat nicht gewonnen. **Ist das vielleicht nicht Glück?**

Ich habe eine neue Brille und kann wieder den Faden durchs Nadelöhr ziehen. **Ist das vielleicht nicht Glück?**

Unser Elternbeirat hat eine sichere Fußgängerampel für die Kinder durchgesetzt. **Ist das vielleicht nicht Glück?**

Er hat mir zugehört. Er hat mir widersprochen. Er hat wie ich eine eigene Meinung. **Ist das vielleicht nicht Glück?**

Ich weiß jetzt genau, was ich nach dem Abi machen will. **Ist das vielleicht nicht Glück?**

Nach dem Kino noch nicht gleich heimgehen, sondern rüber in die kleine Trattoria, wo sie diesen verdammt guten roten Brunello haben und man bei einem Gläschen noch ein bisschen über den Film schwadronieren kann. **Ist das vielleicht nicht Glück?**

Wissen, wo die Notration Schokolade im Küchenschrank versteckt ist, falls man einmal Trost braucht, einen kleinen. **Ist das vielleicht nicht Glück?**

Nicht aufgeben müssen wie die anderen und es doch zu Fuß bis nach Rom schaffen, rechtzeitig zu Ostern.

Ist das vielleicht nicht Glück?

Ich habe eine große Buchsbaumkugel im Garten. Ich habe sie vor vielen Jahren aus einem Steckling gezogen. Ich hatte Glück, dass der kleine Zweig so gut anwuchs. Es brauchte Zeit und Geduld, bis er groß war. Das Warten darauf machte dem Buchs nichts aus. Und mir irgendwann auch nichts mehr.

Ist das vielleicht nicht Glück?

Auf dem Rücken im Gras liegen und sich die Sonne auf den Pelz scheinen lassen. **Ist das vielleicht nicht Glück?**

Bei ruhiger See hinaus ins Meer schwimmen. Sich auf den Rücken drehen und merken, wie das Salzwasser für Auftrieb sorgt. Gleichmäßig atmen, damit man sich leicht fühlt. Alle Glieder bewusst lockern und entspannen. Nur noch ganz kleine Bewegungen machen, die dem Spiel der Wellen angepasst sind. Die Gedanken wegtreiben lassen. Sich dem Gefühl des Getragenseins überlassen, bis man sie spürt, die Schwerelosigkeit.

Ist das vielleicht nicht Glück?

Seit ein paar Tagen liegen die reifen Quitten im Zimmer und verströmen einen feinen, altmodischen Duft voller Sanftmut.

Ist das vielleicht nicht Glück?

Ich stehe am Rand eines flachen Bachbettes und sehe zu, wie das Wasser über die bunten Kiesel springt. Plötzlich spüre ich, wie ich allein von diesem Anblick herzensfroh werde. Gerade als ich mir dieser Freude bewusst werde, fällt mein Blick auf einen braunroten Stein in perfekter Herzform, der einen halben Meter von mir entfernt im Wasser liegt. Ich wate hinein, hole ihn mir und weiß, dass er ein Geschenk des Universums ist. **Ist das vielleicht nicht Glück?**

Ich war wie immer auf dem Friedhof. Es tat zum ersten Mal nicht mehr weh. **Ist das vielleicht nicht Glück?**

Auf der Kirchweih Polka tanzen und beim Drehen das Gefühl haben, als käme die Musik direkt aus den Holzbohlen unter den Füßen.
Ist das vielleicht nicht Glück?

Sie rufen mich jeden Sonntag an, obwohl ich nur die alte Großtante bin und nichts zu vererben habe. **Ist das vielleicht nicht Glück?**

Ich habe meine Mutter ausfindig gemacht, und meine Adoptiveltern haben mir dabei geholfen. **Ist das vielleicht nicht Glück?**

Meine Großmutter starb, als ich noch klein war. Aber ich erinnere mich an die Karlsbader Oblaten, die sie im Esszimmer-Büfett aufbewahrte, die Rautenmuster auf ihrer Lieblingsschürze und an die Lavendelsträußchen in ihrem Wäscheschrank. **Ist das vielleicht nicht Glück?**

Unser Nachbar zieht um. Er freut sich drauf! Wir auch.

Ist das vielleicht nicht Glück?

Ich muss zu einer Tagung nach Norddeutschland. Mein ICE hat Verspätung und ich verpasse deswegen meinen Anschluss. Im nächsten Zug sind alle Plätze 2. Klasse belegt und ich kann in die 1. Klasse wechseln. Dort sitzt ein Mann, der offensichtlich das gleiche Ziel hat wie ich: Er blättert in den gleichen Tagungsunterlagen, die ich auch bekommen habe. Wir kommen sofort ins Gespräch und haben eine wunderbare Fahrt. Jetzt sind wir schon 11 Jahre verheiratet. **Ist das vielleicht nicht Glück?**

Einen Mann haben, der es nicht schlimm findet, wenn man wieder mal mit ein paar neuen Schuhen heimkommt, die man nicht unbedingt braucht.

Ist das vielleicht nicht Glück?

Mein Vater lässt es sich auch mit über 80 Jahren nicht nehmen, mir zum Geburtstag einen Apfelkuchen zu backen. **Ist das vielleicht nicht Glück?**

Übers Internet alte Schulfreunde aufspüren und ein Wiedersehen organisieren, nach all den vielen Jahren. **Ist das vielleicht nicht Glück?**

Sich frisch geduscht im Bademantel und mit warmen Socken aufs Bett hauen, ein paar Kissen in den Rücken stopfen, einen guten Roman lesen und dabei heiße Schokolade trinken. **Ist das vielleicht nicht Glück?**

Der runde Knauf aus Messing, mit dem unser Geländer im Treppenhaus endet und der trotz seiner 92 Jahre wie blankes Gold schimmert, die Visitenkarte unserer Hausmeisterin, die damit unserem Mietshaus Glanz verleiht.

Ist das vielleicht nicht Glück?

Eine verbeulte und abgewetzte Hose haben, scheußlich altmodisch, aber weich und superbequem, in der man daheim das ganze Wochenende herumläuft, ohne auf irgendein Styling achten zu müssen.

Ist das vielleicht nicht Glück?

Meine Mutter hat angerufen und ausnahmsweise mal nicht über ihre tausend Wehwehchen gejammert. Es war ein richtig schönes Gespräch. **Ist das vielleicht nicht Glück?**

Dass in unserer Mülltonne wieder Platz ist, weil unser Kleiner keine Windeln mehr braucht. **Ist das vielleicht nicht Glück?**

Drei Tage und der ganze Werkzeugkeller war aufgeräumt. Unser Vater lässt sich feiern wie ein Weltmeister, dabei haben wir alle mitgeholfen! Aber das Ergebnis zählt. **Ist das vielleicht nicht Glück?**

INBUS-/KUGELKOPF-
SCHLÜSSEL-SATZ 9tlg.
JGA-Profi
CV
20
Made in Germany

Die schöne, einfache Franziskanerkirche mitten in der Fußgängerzone, in deren Stille man eintauchen kann und deren Türen immer offen stehen.

Ist das vielleicht nicht Glück?

Alle anderen genervt zu Hause lassen. Raus in die Natur fahren, ganz gleich, welches Wetter gerade ist. Laufen, laufen, laufen, bis Kopf und Lunge frei sind. Zufrieden heimkehren, mit all der frischen Luft in den Haaren und auf der Haut, so versöhnt mit sich und der Welt. **Ist das vielleicht nicht Glück?**

Ein kleines blaues Stündchen in der Hängematte, dahin geträumt
im Niemandsland eines warmen Augustnachmittags.

Ist das vielleicht nicht Glück?

Wir fahren mit der Autofähre nach Griechenland. Wir stehen frühmorgens an Deck und halten die Gesichter in den frischen Fahrtwind. Das Meer glitzert verheißungsvoll im Sonnenlicht. Da entdecken wir erst drei, dann noch zwei Delfine, die in eleganten Bögen aus dem Wasser springen. Sie sind vielleicht 500 Meter von uns entfernt, schwimmen aber immer neben dem Schiff her. Wie gute Freunde oder Schutzengel kommen sie uns vor. **Ist das vielleicht nicht Glück?**

Mit der leeren Coladose mittags auf dem Hof hinter der Betriebskantine herumkicken wie die Schulbuben. Die Viertelstunde –

ist das vielleicht nicht Glück?

Ich komme mit genau dem Haarschnitt vom Friseur zurück, den ich wollte. Und er steht mir wirklich! **Ist das vielleicht nicht Glück?**

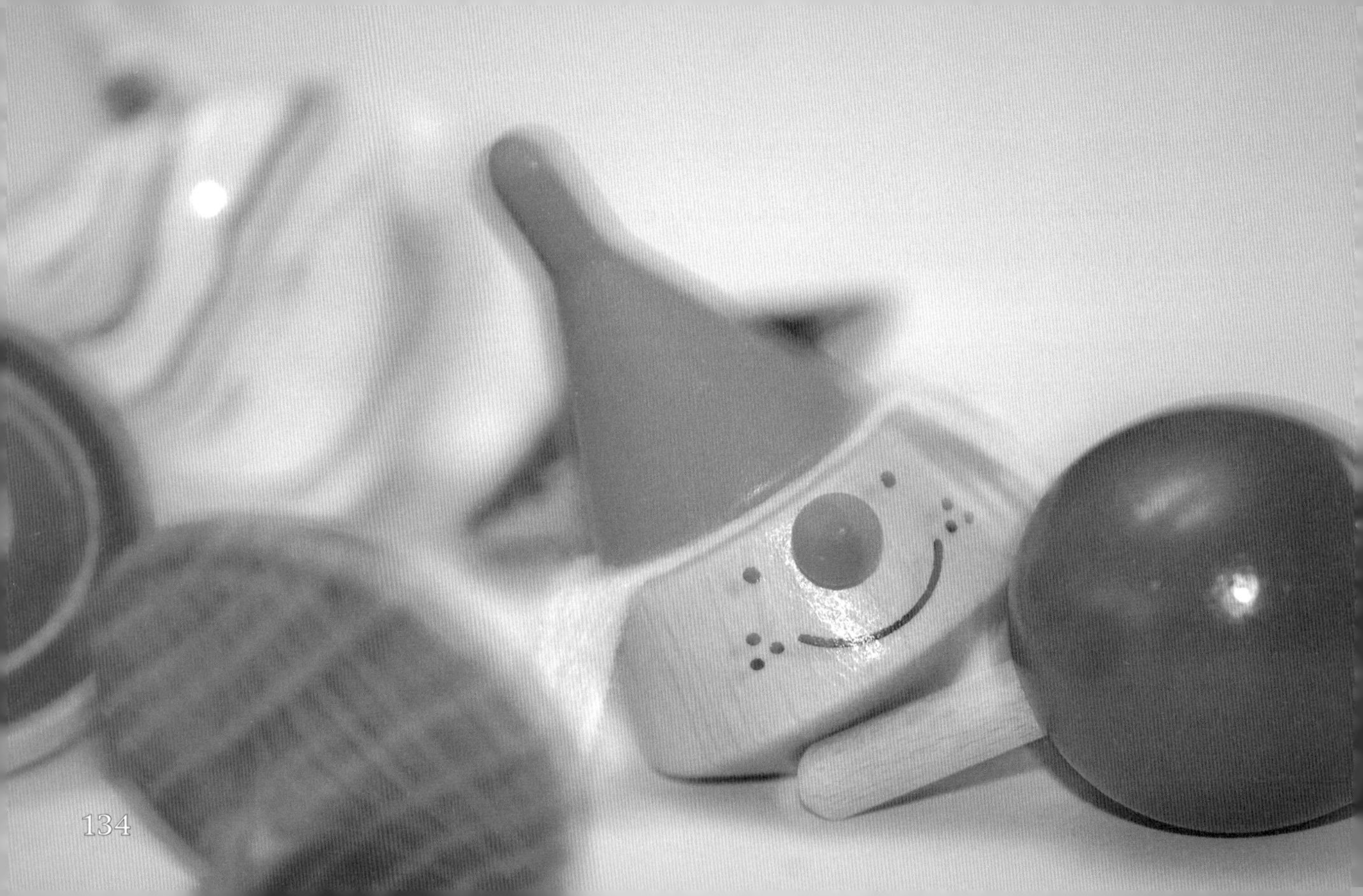

Nach Jahren bin ich wieder einmal in meiner Heimatstadt, ausgerechnet im Dezember und auch nur zu einem Geschäftstermin. Bei Eiseskälte bleibt mir nur eine Stunde, bevor mein Zug fährt. Ich laufe durch die mit Lichtersternen geschmückte Fußgängerzone und fühle mich entsetzlich fremd und allein. Da entdecke ich in einer Seitenstraße den kleinen Spielzeugladen, der mir als Kind wie das Paradies vorkam. Dass es ihn überhaupt noch gibt! Ich gehe hinein und plötzlich ist er wieder da, der Geruch meiner Kindheit. Er hängt hier, irgendwo zwischen den altmodischen Regalen, und pumpt mich voll mit längst vergessener Kindersehnsucht und Weihnachtsfreude. Als ich wieder draußen bin, ist mir die Stadt so vertraut, als hätte ich sie nie verlassen. **Ist das vielleicht nicht Glück?**

Der Lateinlehrer, der in der Sprechstunde sagt: „Sie kriegt ihre Chance, das verspreche ich Ihnen.“ **Ist das vielleicht nicht Glück?**

Nach Hause kommen, viel später als sonst. Der Tisch ist gedeckt, die Waschmaschine läuft, die Spülmaschine ist ausgeräumt und der Müll ist geleert. Und dazu zwei Teenies, die relaxt auf dem Sofa rumhängen und cool grinsend verkünden: Omi ist da! – **Ist das vielleicht nicht Glück?**

Ist das vielleicht
nicht Glück?

Federballspielen auf der Straße,
bis es dunkel wird. **Ist das vielleicht nicht Glück?**

Sich mit Lissi vom Kiosk und Heiner vom Getränkemarkt gut verstehen.

Ist das vielleicht nicht Glück?

Ein dicker Brief von meiner besten Freundin mit einer Tüte Vergissmeinnichtsamen drin. **Ist das vielleicht nicht Glück?**

München

Letzte Woche haben zwei Kollegen eine dumme Bemerkung über mich gemacht. Heute weiß ich aber schon nicht mehr, was sie genau gesagt haben. Nächste Woche habe ich es hoffentlich ganz vergessen. Dass so vieles vorübergeht – **ist das vielleicht nicht Glück?**

Die Prüfungsaufgaben auf dem Tisch vor mir sind horrend schwer. Die Buchstaben tanzen vor meinen Augen, ich habe nicht den Hauch einer Ahnung, wie das zu lösen ist. Meine Hände sind eiskalt, auf meiner Stirn steht Schweiß, ich habe das Gefühl, ein völliger Versager zu sein. Die Zeit läuft unerbittlich ab und ich bringe nichts, aber auch gar nichts aufs Papier. Da klingelt es, das ist mein Ende, denke ich. Es ist aber nur mein Wecker, der mich aus einem grässlichen Traum befreit.

Ist das vielleicht nicht Glück?

Sich keine Witze merken können, alle Pointen sofort vergessen und darum auch über die ausgelutschtesten Dinger jedes Mal wieder lachen können. **Ist das vielleicht nicht Glück?**

Im Teeladen zwischen 86 Sorten Tee auswählen können und trotzdem immer den Lieblingstee mitnehmen. **Ist das vielleicht nicht Glück?**

Ich stehe mit dem Auto im Stau. Es ist heiß und die Zeit steht still. Nichts rührt sich. Es wird noch ewig dauern. Ich habe Durst, aber natürlich nichts dabei. Da finde ich im Handschuhfach noch ein Zitronenbonbon. Ich wickle es langsam aus, es klebt schrecklich am Papier und schaut nicht sehr verlockend aus. Aber im Mund ist es herrlich. Leicht sauer und wirklich erfrischend. Ich werfe meine Lieblings-CD ein, drehe voll auf, lutsche genüsslich an meinem Bonbon und sitze auf einmal in meinem Auto wie der König von Mallorca. **Ist das vielleicht nicht Glück?**

Meine Skatrunde und dass Gerti seit über 20 Jahren nichts dagegen hat, wenn ich Freitagabend mit den anderen Kumpeln zum Kartenspielen verschwinde.

Ist das vielleicht nicht Glück?

Jedes Jahr wieder ein bisschen gerührt den Stern an den Christbaum hängen, den unser Ältester vor zwanzig Jahren in der Grundschule gebastelt hat, und darauf warten, dass er zur Tür reinkommt und grinst: Da ist er ja, mein Stern! **Ist das vielleicht nicht Glück?**

Die silbernen Sternchen auf dem Fensterbrett, weil man jetzt ganz sicher weiß, dass die Engelchen den Wunschzettel gefunden haben. **Ist das vielleicht nicht Glück?**

Einen dicken Schneeball mitten im Sommer geschenkt bekommen, weil Benni im letzten Winter daran dachte, ein Fach seines Tiefkühlschrankes mit Schneebällen zu füllen – „Für all die armen Teufel unter meinen Freunden, die ihre Geburtstage immer ohne Schnee feiern müssen." **Ist das vielleicht nicht Glück?**

Ich treffe beim Tanken zufällig Theo wieder, mit dem ich zusammen mal Jugendtrainer für den Kickernachwuchs war. Er ist auch schon lang in Rente. Wir gehen rüber zur Currywurstbude, hauen uns eine mit Mayo zwischen die Backen und fachsimpeln wie früher. Jeder zieht vom Leder, als ob er der Bundestrainer persönlich wäre. Keiner von uns lässt sich anmerken, wie alt und knitterig er den anderen findet. Wir sind eben faire Kumpel. **Ist das vielleicht nicht Glück?**

Es war so schön, das erste Mal.

Ist das vielleicht nicht Glück?

Jemand sein, der sich über das Glück anderer freuen kann.

Ist das vielleicht nicht Glück?

Bibliografische Information der Deutschen Bibliothek
Die Deutsche Bibliothek verzeichnet diese Publikation in der Deutschen Nationalbibliografie; detaillierte bibliografische Inforationen sind im Internet über http://dnb.ddb.de abrufbar.

Besuchen Sie uns im Internet:
www.st-benno.de

ISBN 978-3-7462-2630-9

Stammerstraße 11
04159 Leipzig

Umschlag: Ulrike Vetter, Leipzig, unter Verwendung eines Bildes von Victoria Snowber/ © Getty Images
Gestaltung: Ulrike Vetter, Leipzig
Gesamtherstellung: Arnold & Domnick, Leipzig